INVENTAIRE
S 26,020

AF296455

S
INVENTAIRE

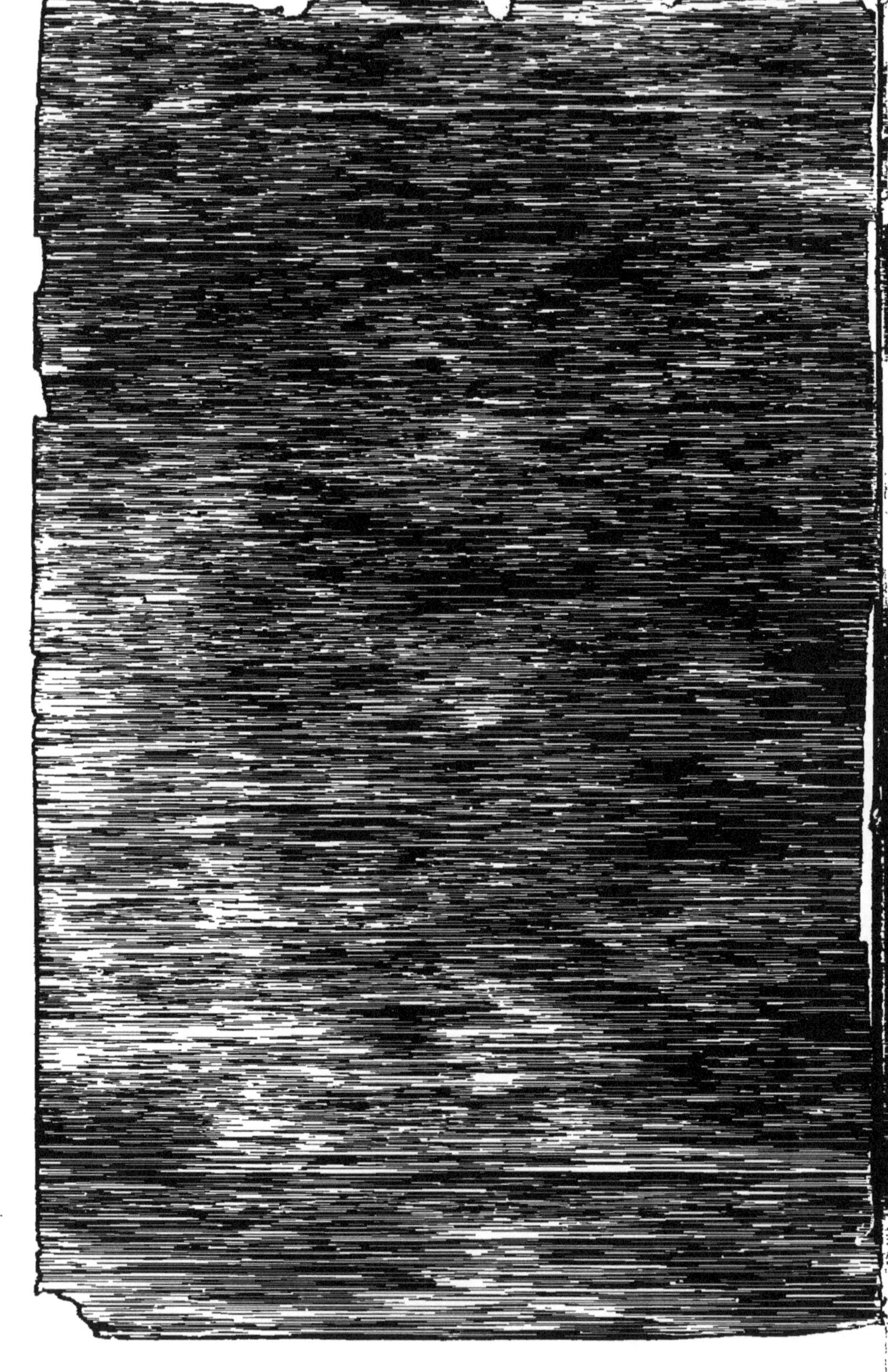

LE
CÈDRE DU LIBAN

DU

PALAIS DU MARÉCHAL

A TOULOUSE

PAR

DEMOUILLES

HORTICULTEUR

Prix : 1 fr. 50

BIBLIOTHÈQUE IMPÉRIALE

SE VEND

A TOULOUSE ET DANS LES GRANDES VILLES DE FRANCE

Chez les principaux Libraires

1866

AVANT-PROPOS

Ce n'est pas par une vaine ambition littéraire que j'ai cru devoir consigner dans ces quelques pages le résultat d'un travail intéressant ; ce n'est pas davantage pour avoir à me féliciter, en public, de l'heureuse réussite de mon opération.

J'ai obéi à un autre mobile : je n'ai point cherché ma satisfaction personnelle ; mais plutôt celle d'autrui. En un mot, j'ai voulu être utile, en jetant une idée neuve dans le moule où se façonnent toutes celles qui ont cours devant l'opinion. Pour répondre d'ailleurs aux nombreuses demandes qui me sont adressées des départements limitrophes, j'ai pensé qu'il était convenable d'entrer dans des explications très détaillées sur le mode de traction employé pour le transport d'un cèdre du Liban destiné au jardin de son Exc M. le maréchal Niel. Pressé ainsi de toutes parts et invité par mes amis à publier un compte exact de cette opération, je me suis décidé à prendre la plume, en ajoutant à cet opuscule divers plans et un profil en long qui passeront sous les yeux du lecteur pour l'intelligence de mes travaux,

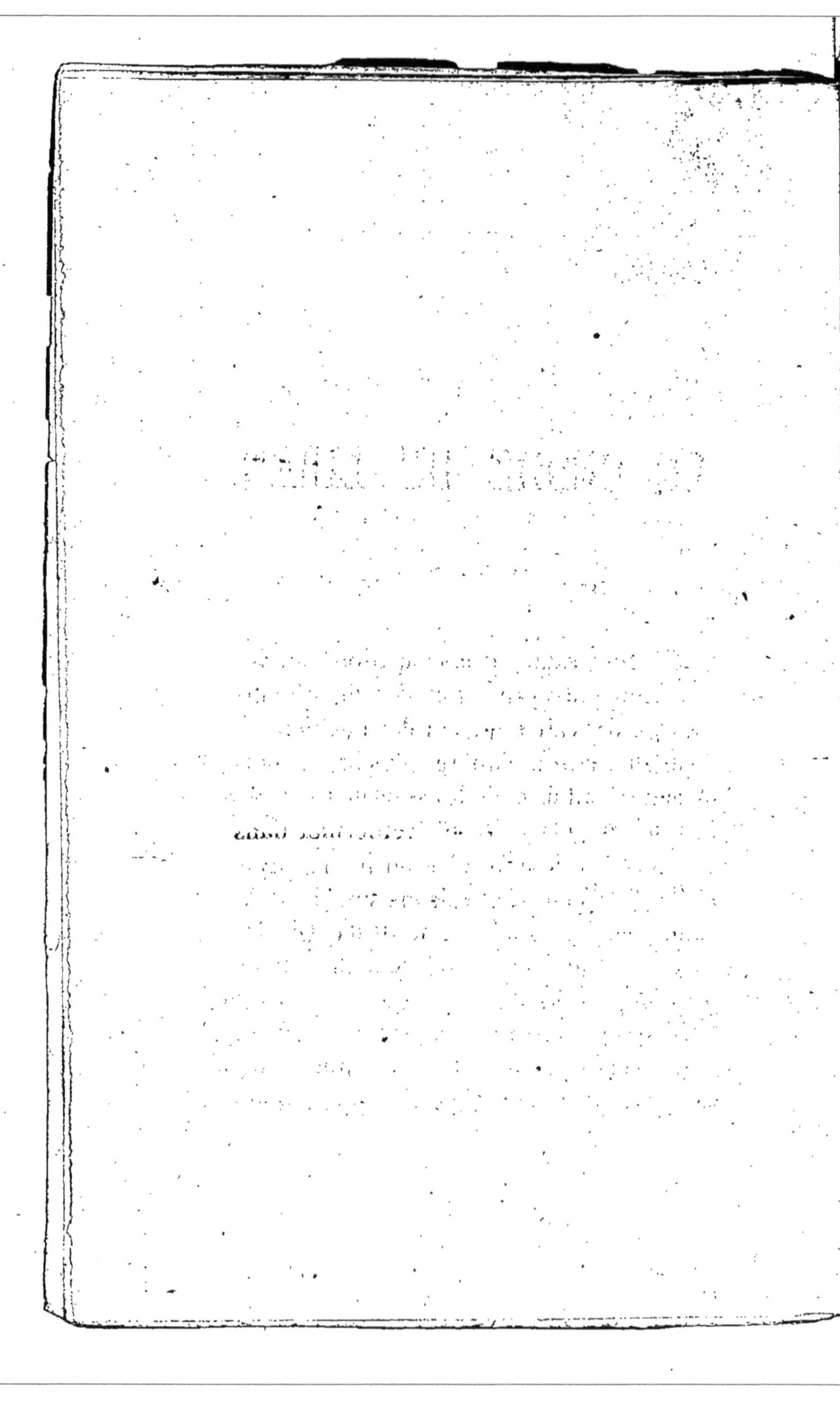

LE CÈDRE DU LIBAN

Ma plus grande préoccupation, au début d'une entreprise, hérissée de difficultés et qui avait pour but de contribuer à l'ornementation d'un des plus beaux édifices de Toulouse, était assurément l'obligation où j'étais de me renfermer dans une certaine réserve plus ou moins mystérieuse, pour des raisons que je dois expliquer ici. Quelques mots d'éclaircissement, et le lecteur va immédiatement me comprendre.

De quoi s'agissait-il, en effet ?

Je m'étais promis et j'avais donné ma parole d'extraire d'un jardin appartenant

à la Compagnie du chemin de fer du Midi
un magnifique Cèdre du Liban, âgé de 30
années, de le transporter à peu de frais et
à mes risques et périls, au jardin du palais
de S. E. M. le maréchal Niel, de trans-
planter cet arbre, à feuilles non caduques,
sans qu'il eût souffert le moindre dommage, de manière à ce qu'on pût le pré-
senter comme un des sujets les plus re-
marquables de ce beau jardin.

Ma parole était donnée. Mon honneur
était donc engagé dans l'entreprise. Il
fallait réussir, coûte que coûte, ou plutôt
il était indispensable de vaincre les obstacles qui s'opposaient à mon entreprise
pleine de périls. Les dangers étaient en
réalité de plusieurs sortes.

Non-seulement j'avais à triompher des
difficultés qui s'opposaient à l'extraction
et au transport de ce Cèdre immense, avec
des moyens de traction inconnus jusqu'à
ce jour pour des masses aussi considérables; mais j'avais encore à craindre que
quelque accident ne vînt déranger mon
opération, et que l'administration ne se
crût dans la nécessité d'intervenir pour

en suspendre ou pour en entraver l'exécution.

Que serais-je devenu, si aux pressantes
questions que l'Administration aurait pu
m'adresser afin de savoir si j'étais pourvu
du matériel nécessaire pour transporter
le Cèdre, j'avais été contraint de répondre à peu près négativement?

Comment, m'aurait-on objecté, vous
prétendez qu'il vous est aisé d'opérer l'extraction de ce colosse végétal et de lui
faire parcourir une distance de 2,529
mètres 55 centimètres; vous prétendez
vous rendre maître de ce poids immense de huit cents quintaux, sans pos-
séder le moindre levier d'Archimède?
Votre système de traction doit être in-
failliblement en rapport avec cette masse
considérable; des exemples nombreux
sont là pour le prouver. Si votre matériel
est hors de proportion avec vos visées, si
vous ne répondez pas du succès de votre
opération, la prudence la plus vulgaire
vous ordonne de vous retirer, et si vous
ne suivez ses prescriptions, l'Administration, qui peut redouter un de ces accidents

affligeants qui déshonorent une entreprise, vous défend de passer outre et vous somme de renoncer à en poursuivre le cours.

Telles étaient, pourquoi ne l'avouerais-je pas aujourd'hui que le succès a couronné mon œuvre, telles étaient mes préoccupations et mes alarmes, heureusement peu fondées; non que j'eusse peu de foi dans les moyens que j'allais employer pour réussir au gré de mes désirs, mais parce que j'étais combattu entre la crainte et l'espérance, ayant peut-être tout à redouter des justes défiances de l'Administration, quoi qu'à peu près certain d'arriver au comble de mes vœux.

Pour rendre entière justice à qui de droit, hâtons-nous de dire que nonobstant ces appréhensions mal définies, je n'ai eu qu'à me louer des bons procédés de l'Administration.

Non-seulement elle m'a accordé toutes les autorisations que j'ai sollicitées, mais encore elle a fait preuve à mon égard d'un surcroît d'excellent vouloir, en me favorisant dans une entreprise dont je pouvais seul apprécier les difficultés réelles. Je n'ai donc ici qu'à rendre hommage à notre administration locale, et c'est pour moi un devoir de consigner dans cet écrit l'expression de ma gratitude.

Voici ce que j'écrivais à M. le Maire de Toulouse, à la date du 19 mars dernier :

« Monsieur le Maire ,

» Ayant à faire passer un Cèdre du Liban de l'ancien jardin Massalet, près de la gare, au palais de M. le Maréchal, pour y être transplanté, je viens, M. le Maire , vous demander l'autorisation et m'accorder la facilité de le transporter par le côté droit de l'allée Louis-Napoléon et de suivre le boulevard Saint-Aubin, pour arriver à l'ancien champ de foire, près de sa destination.

» Pour que M. le Maire puisse prendre les mesures qu'il jugera convenables, je dois lui dire que le poids approximatif du Cèdre sera de 30 à 35 mille kilogr.; la longueur des branches étant d'environ $4^m 00$.

» Je ne peux vous préciser, M. le Maire, le jour du passage sur les allées, vu les difficultés que je rencontre, pour transporter l'arbre devant l'Ecole Vétérinaire, à cause du mauvais état du chemin.

» Confiant dans la bienveillance habituelle de M. le Maire, je suis en attendant, son respectueux et très-obéissant administré. — *Demouilles.* »

L'honorable M. Amilhau, maire de Toulouse, me fit l'honneur de me répondre en ces termes :

« Sous peu, je serai en mesure de répondre à votre lettre de ce jour, relative au transport d'un Cèdre ; mais ma réponse ne pouvant porter que sur ce qui a trait aux intérêts municipaux, j'ai cru devoir vous en prévenir dès à présent, afin que vous puissiez aviser aux moyens d'obtenir l'autorisation qui vous est nécessaire : 1° de l'administration du chemin de fer, pour passer sur le pont de l'Ecole Vétérinaire; 2° de l'administration du canal du Midi pour passer sur le pont Riquet; 3° de M. le Préfet, pour parcourir le bou-

levard et la rue Saint-Aubin, qui font partie de la grande voirie. Recevez, monsieur, l'assurance de ma considération
distinguée. — Le maire, *J. Amilhau.* »

Dès la réception de cette lettre, je
m'empressai d'informer la préfecture du
projet dont je poursuivais l'exécution et
je me hâtai d'écrire à M. le Préfet de la
Haute-Garonne la lettre suivante que je
tiens à transcrire ici.

« Monsieur le Préfet, j'ai l'honneur de
vous informer qu'ayant un Cèdre du Liban à transporter dans le jardin du Palais du Maréchal, je viens vous prier de
m'accorder l'autorisation de faire circuler
cet arbre sur rouleaux et sur une voie
ferrée, en passant sur le pont du chemin de fer, dit de l'Ecole, le pont Riquet
sur le canal et en suivant le côté droit
de l'allée et les boulevards St-Aubin,
jusqu'à l'ancien champ de foire et à sa
destination. Je suis avec le plus profond
respect, Monsieur le Préfet, votre très-
humble et très-dévoué serviteur. —
DEMOUILLES, *pépiniériste horticulteur.* »

A cette lettre, dans laquelle j'indiquais déjà d'une manière très-nette mes moyens de locomotion, M. Solard, secrétaire-général de la Préfecture, eut l'obligeance de répondre par un arrêté, rendu en l'absence de M. le Préfet, et qui m'accordait l'autorisation demandée.

L'arrêté préfectoral spécifiait les réserves suivantes en ce qui concernait le transport du Cèdre du Liban :

« Les rails seront placés et déplacés successivement à mesure que l'on cheminera, de manière à n'avoir jamais sur la route une longueur de voie ferrée de plus de 30 mètres : 2° ces rails occuperont exactement le milieu de la chaussée, pour que la circulation puisse s'effectuer des deux côtés ; 3° le passage sur la route impériale n° 113 ne pourra durer plus de trois fois 24 heures ; 4° un homme veillera pendant la nuit autour des rails qui devront être parfaitement éclairés aux frais du permissionnaire ; 5° si une partie quelconque de la chaussée vient à être dégradée, par suite dudit transport, le sieur Demouilles sera passible des frais de la réparation ; 6° la présente autorisation n'est valable que pour un mois. M. l'ingénieur en chef du Département est chargé d'assurer l'exécution du présent arrêté, dont copie sera notifiée au sieur Demouilles. — Pour le Préfet empêché, le secrétaire-général délégué, signé SOLARD. »

Les travaux d'extraction du Cèdre avaient déjà commencé le 5 mars et avaient été heureusement terminés, en treize jours, avec le concours de huit hommes seulement, ainsi que je le dirai, dans le récit qui va suivre, lorsque je crus devoir me préoccuper sérieusement de l'autorisation du transport. Ce n'était pas là une minime question, ainsi qu'on a pu en juger par la lettre de M. le Maire, citée plus haut.

Une deuxième lettre de l'honorable magistrat vint mettre le comble à mes perplexités, en m'apprenant nettement que j'étais menacé de voir suspendre mon projet. Suivant les termes d'un rapport détaillé de M. l'ingénieur de la ville, le transport du Cèdre du Liban inspirait des craintes sérieuses pour la stabilité des ponts à parcourir, ainsi que pour les aquéducs et les tuyaux des fontaines et du gaz se trouvant sous la voie publique.

En conséquence, M. le Maire daignait m'informer dans sa lettre datée du 24 mars, qu'il ne pouvait m'accorder l'autorisation nécessaire pour le transport du Cèdre et que si je passais outre il me rendait responsable de toutes les dégradations et de tous les accidents qui pourraient se produire.

J'avais prévenu M. l'ingénieur de la Cⁱᵉ du Midi du projet que j'avais conçu et suivant à la lettre les indications qui m'avaient été données par l'Administration municipale, j'avais formulé ma demande à la Compagnie, afin qu'il me fût permis de transporter le Cèdre en traversant le pont du chemin de fer situé en face de l'Ecole Vétérinaire.

J'avais évalué le poids approximatif à 55,000 kilos, en ajoutant que le transport aurait lieu au moyen d'une voie ferrée, avec des rouleaux pouvant répartir ce poids sur une longueur de quatre mètres.

En m'accusant réception de ma demande, datée du 24 mars, M. l'ingénieur Lancelin m'exposa ses objections, tout en me faisant connaître qu'il en avait référé à M. l'ingénieur en chef de la voie ferrée qui, n'étant sans doute pas très rassuré sur les conséquences d'une pareille opération, voulait prendre le temps d'examiner la question.

M. Lancelin me faisait l'honneur d'ajouter qu'en ce qui le concernait, il avait reconnu par lui-même que les principales pièces métalliques du pont du chemin de fer n'avaient pas leurs assemblages au-dessus des colonnes destinées à les soutenir ; que ces assemblages ainsi que ceux des pièces secondaires n'étaient retenus qu'au moyen de boulons sans alésages ou ajustages préalables de la fonte susceptibles de donner à ces assemblages l'intime juxta-position indispensable pour assurer la résistance *maxima* à tout système métallique, et qu'en conséquence il croyait très imprudent de laisser passer sur le pont le Cèdre du Liban.

Ayant à passer en même temps sur le pont du Canal, j'avais, suivant les prescriptions de M. le Maire, adressé une demande relative à M. Maguès, ingénieur en chef des canaux.

Par sa réponse en date du 28, M. Maguès eut la bonté de me faire savoir en termes très-brefs que le pont Riquet n'ayant pas été construit pour supporter un poids aussi fort que celui que je me proposais d'y faire passer, l'autorisation demandée ne m'était pas accordée.

J'étais ainsi presque engagé dans une sorte de polémique avec l'Administration municipale, avec les ingénieurs du chemin de fer et avec M. l'ingénieur des canaux ; mais j'avais foi en mon opération et dans mes moyens de traction.

Je repris la plume et dans une nouvelle lettre, je priai la Mairie, vu l'insuffisance d'une première réponse, de me faire connaître le degré exact de résistance des aquéducs et des tuyaux de fontaine, etc. En se référant au contenu de ses précédentes dépêches, la Mairie me répondit que dans un rapport en date du 28 mars, l'ingénieur de la ville déclarait qu'il lui était impossible de garantir la résistance des aquéducs et tuyaux. Je n'étais pas plus avancé que précédemment et je m'avisai alors de répondre à M. Lancelin, ingénieur du chemin de fer, en lui annonçant que l'arbre était arrivé à la hauteur du pont et qu'il m'était absolument impossible d'en retarder le transport sans compromettre sa transplantation : je priais en même temps M. l'ingénieur de vouloir bien me faire connaître la charge *maxima* que pouvait supporter le pont.

Je déclarais en outre que la Compagnie s'étant engagée vis-à-vis de la ville à maintenir le passage, en pleine sécurité, sans aucune réserve, je me croyais en droit de provoquer une décision de M. le Préfet pour qu'il eût à nommer une commission d'ingénieurs afin de connaître l'état du pont et son degré de résistance.

Pour couper court à toutes les objections et éviter les difficutés, j'offrais au surplus de faire étayer le pont par des pieds droits, en prenant à ma charge cette opération, et en me proposant de tenter le passage à mes risques et périls. Je faisais enfin observer que pour plus de sécurité, concernant la résistance, je disposerais mon chargement de manière à ce que le poids fût constamment sur les poutres du milieu longitudinal du pont et que la durée de la traversée ne serait guère que de deux heures.

Pendant le temps que durait cette négociation avec le chemin de fer, M. l'Ingénieur en chef de la voie tardant toujours à donner son avis, j'eus la bonne fortune de songer à avoir recours aux excellents offices d'un mathématicien d'élite, M. Rousseau, commandant du génie.

Cet honorable officier supérieur m'écrivit le 3 avril la lettre suivante que je transcris pour l'entière édification du lecteur :

« Monsieur,

» Je viens d'appliquer la formule de Morin aux poutres à double T du pont du chemin de fer, j'espère ne pas m'être

trompé. Je les trouve résistant bien au-
delà de ce qu'il faut pour supporter le
poids de 30 à 35,000 kilog. que vous
avez l'intention de faire passer sur le
pont.

Il sera indispensable d'étayer les points
de jonction des poutres, puisqu'ils ne sont
pas soutenus par les colonnes ; vous vous
mettrez ainsi à l'abri de toutes les chances
d'accident. Recevez, Monsieur, etc. —
Le commandant du génie, *Rousseau.* »

Je remerciai en ces termes l'honorable
commandant :

« Monsieur, je vous remercie des soins
que vous avez bien voulu prendre et de
votre grande activité en vous livrant au
calcul si ardu de la résistance des poutres
du chemin de fer. Votre opération est
pour moi une double garantie de solidité;
je pense que votre déclaration et celle de
M. Bonnet donneront à réfléchir à M. l'Ingénieur. Recevez, M. le Commandant,
l'assurance de mes sentiments les plus
distingués. — *Demouilles.* »

La lettre précitée du commandant Rousseau était en effet décisive, péremptoire et topique, et il n'y avait plus qu'à s'exécuter. La Compagnie du Midi n'éleva plus d'objections : seulement elle ne consentit à autoriser le passage de l'arbre qu'à la condition que je souscrirais à l'engagement suivant :

« Je soussigné, pépiniériste à Toulouse, désirant faire passer sur le pont de l'Ecole Vétérinaire au-dessus du chemin de fer un arbre qui avec sa motte et les agrès destinés à le transporter pèse environ 34,000 kilog., prends par les présentes, vis-à-vis de la Compagnie du Midi, les engagements formels ci-après :

1° L'arbre devra suivre l'axe du pont et séjourner sur ce pont le moins longtemps possible ;

2° Les rouleaux sur lesquels l'arbre doit se mouvoir reposeront sur deux cours de longrines ou de rails, lesquels cours devront reposer très-exactement au-dessus des poutres centrales en fonte du pont ;

3° Les deux poutres en fonte dont il vient d'être parlé seront préalablement étayées à leurs points d'assemblage. Les étais consisteront en chandelles ou pièces de bois de $0^m 20$ d'équarrissage reposant sur les bordures des trottoirs inférieurs du pont par l'intermédiaire de plateaux en bois de chêne. Des plateaux semblables seront interposés entre les étais et le dessous des poutres. Enfin, des coins également en chêne assureront la compression entre les trottoirs, les étais et les poutres métalliques;

4° Toutes les dépenses seront supportées par le soussigné;

5° Le soussigné demeure responsable de toutes les dégradations qui pourraient arriver par le fait de ses opérations et déclare garantir la Compagnie des suites de toute action dirigée contre elle pour des faits de cette nature. La surveillance des agents de la Compagnie, si elle a lieu, ne le décharge en rien de cette responsabilité. Toulouse, le 5 avril 1866. Signé : *Demouilles*. Pour copie conforme, le chef de bureau de l'ingénieur : *Rabaul*.

Après avoir souscrit cet engagement, il ne me restait plus qu'à obtenir l'autorisation de passer sur le pont de l'écluse Bayard, le transport du Cèdre m'étant interdit par le pont Riquet dont la solidité n'offrait aucune garantie. M. l'ingénieur Maguès accéda à ma demande, et par sa lettre du 6 avril voulut bien m'accorder l'autorisation de faire passer l'arbre par le pont Bayard, toujours à mes risques et périls.

Ce changement de voie dut nécessiter un nouvel arrêté préfectoral, et sur un rapport de M. l'ingénieur ordinaire, M. le Préfet de la Haute-Garonne rendit un arrêté étendant les dispositions du précédent en date du 26 mars, au transport du Cèdre sur la route impériale n° 20 dans la partie comprise entre l'embranchement de la rue Bayard et la rencontre de la route impériale n° 113.

Toutes ces difficultés administratives que je viens d'énumérer étant résolues, je franchis le Rubicon : en d'autres termes, mon Cèdre du Liban s'ébranla le 27 mars pour entrer sur la voie publique et s'acheminer vers sa destination, au moyen d'un système nouveau de traction dont je donnerai plus loin l'entière description, avec tous les plans annexés à cette œuvre.

Qu'on me permette maintenant, avant de le suivre dans la rue Bayard ou le long des Boulevards Napoléon et St-Aubin jusqu'à sa destination au palais du Maréchal, de faire connaître le mode employé pour son extraction dans le jardin Massatet près de la gare du chemin de fer.

Pour que ce magnifique Cèdre, âgé de 30 ans et à feuilles persistantes, fût transplanté dans de bonnes conditions, il était de toute utilité qu'il conservât intact l'appareil de ses racines et qu'il ne fît pour ainsi dire que changer de place en gardant sa motte énorme. Au point de vue horticole, il ne me serait que trop aisé de prouver que si les arbres à feuilles caduques peuvent être transplantés sans tant de précaution, quelle que soit leur masse, il n'en est pas de même, lorsqu'il s'agit de végétaux d'origine exotique, qui demandent plus de soins, et qui dépérissent, si au moment de la transplantation, on n'a pas rempli toutes les conditions voulues.

Afin de me conformer aux exigences horticoles imposées par la circonstance, ainsi qu'aux leçons de l'expérience, je dûs conséquemment opérer l'extraction du Cèdre, en m'entourant de toutes les précautions possibles.

Je fis premièremeut ouvrir une large tranchée autour de la motte, ayant 4 mètres 20 de diamètre sur 1 mètre 30 de hauteur. Des pièces en bois de chêne, d'une solidité à toute épreuve, disposées par les ouvriers, travaillant sous la motte avec une peine infinie, devinrent un plancher qui fut notre premier point d'appui. Cette opération si épineuse s'effectua en quelques jours sans le moindre accident, j'entrevis le moment où le succès allait couronner mon œuvre ; mais il fallait soulever un tel poids estimé comme nous l'avons dit à près de 800 quintaux.

Emerveillé de tant d'audace, S. Exc. M. le Maréchal Niel, désireux de se rendre compte par lui-même des difficultés de mon entreprise, eut la bonté de me faire avertir par l'un des officiers du grand quartier général, qu'avant de partir pour Paris, il viendrait juger de l'état des travaux.

Son Excellence fut fidèle à sa promesse, et lorsqu'il eut vu sur quelle masse nous opérions, M. le Maréchal, comprenant que les obstacles que nous avions à vaincre étaient presque insurmontables, ne put s'empêcher de laisser percer quelques doutes, sans toutefois nous décourager. Ce fut pour moi un aiguillon de plus qui me fit sentir la nécessité de réussir dans mon entreprise.

L'échafaudage pour élever la motte, ayant été dressé, quatre vérins placés aux quatre angles de mon appareil, purent, avec l'aide de huit hommes, donner l'impulsion nécessaire pour cette ascension extraordinaire, qui eut lieu sans encombre avec toutes les précautions indispensables.

Cette motte, véritablement monstrueuse, représentait un poids de 54 tonnes, et lorsqu'elle était arrosée, et elle l'a été trois fois, durant le parcours du Cèdre, elle équivalait à 40 tonnes, représentant ainsi 800 quintaux.

N'omettons pas de dire, qu'au moment de son extraction, cette motte avait été soigneusement encagée, dans un système de boiserie à claire voie, cerclé et enchaîné d'une manière formidable, pour que les racines repliées délicatement n'eussent pas à souffrir du moindre choc, pendant le transport. Ces racines ayant 5 mètres 50 de rayon, ont été ainsi parfaitement conservées, et à l'heure de la transplantation, elles ont été trouvées dans le meilleur état, grâce aux dispositions que nous avions prises. Quant au Cèdre luimême, ainsi qu'il est dit dans le plan ci-annexé, il mesure une hauteur de 8 mètres 50 du dessus de la motte à la cîme de l'arbre ; sa tige a 1 mètre 20 de diamètre à sa base, et a 1 mètre de hauteur, il a 0^m 90 de circonférence.

C'est peut-être ici le lieu de fournir à nos lecteurs un aperçu historique sur la famille des Cèdres, et en particulier sur le Cèdre du Liban dont la renommée est universelle. Pour être clairs, nous essaierons d'être brefs, sur un sujet que peu d'écrivains ont traité avec quelques développements.

On désigne généralement sous le nom de Cèdre deux ou trois arbres bien différents les uns des autres, et il est assez difficile, d'après les meilleures autorités, de concilier les anciens et les modernes sur ce qu'on doit appeler proprement Cèdre.

Suivant quelques auteurs de l'antiquité, qui n'étaient peut-être pas suffisamment compétents en ces matières et qui ne connaissaient pas sans doute notre Cèdre du Liban, le Cèdre ne serait point un arbre conifère.

Sans entrer ici dans une discussion oiseuse, nous devons faire observer que plusieurs auteurs modernes ont conservé le nom générique de Cèdre à plusieurs arbres de même espèce, mais que pour les distinguer on a ajouté à leur nom celui du pays où on les a trouvés plus communément.

Toutefois, l'arbre que nous nommons Cèdre est originaire du mont Liban, et quoiqu'il soit une variété du Mélèse, il semble, par son caractère particulier, exclure tout rapprochement avec d'autres arbres qui ont porté le nom de Cèdre.

Les anciens ont fait mention de deux Cèdres, l'un de Phènicie et l'autre de Lycie. Ils ont comparé le premier à un genévrier ordinaire dont cependant il était très-différent par les fruits qui étaient beaucoup plus gros. Ils ont enfin nommé Cèdre de Lycie, *Cedrus Lycia, Cedrus folio Cupressi,* un arbrisseau dont les feuilles approchent de celles du cyprée. Ses fleurs sont des petits châtons fort courts. Ses fruits sont des baies rougeâtres, rondes, plus grosses que celles du genévrier et qui contiennent plusieurs semences.

Ce genre de Cèdre croît dans le Languedoc et il y en a deux espèces qui se distinguent toutes les deux par leur hauteur et la grosseur de leurs fruits.

Dans son voyage du Levant, le célèbre Tournefort a trouvé deux espèces de ce dernier Cèdre. Ce sont des arbres répandant une odeur très désagréable, tandis que celui dont nous venons de parler n'a point cette odeur.

Dans son *Histoire des Plantes,* éditée l'an dernier à la librairie Hachette, M. Louis Figuier décrit ainsi les Cèdres :

» Ils se distinguent des méleses, en ce que leurs feuilles persistent pendant plusieurs années, après l'allongement du bourgeon, et que les écailles du cône sont plus étroitement imbriquées.

» Le Cèdre du Liban, arbre d'un aspect plein de grandeur, étend à 40 mètres au-dessus du sol ses longs bras horizontaux. Sur le revers de l'Atlas, au nord de l'Afrique et dans les contrées tempérées de l'Asie, le Cèdre forme des forêts immenses, du plus majestueux et du plus imposant aspect. » (*Hist. des plantes*, page 275).

Le bois de Cèdre, qui a un caractère biblique, est presque immortel et incorruptible. Il a un goût amer qui éloigne les insectes et les larves. On croit que c'est pour cette raison que les anciens se servaient de planches de Cèdre pour écrire les choses les plus importantes.

Le poète Perse a dit : et *Cedro digna locutus*, insinuant par là qu'on ne pouvait écrire sur des tablettes de Cèdre qu'en raison de la grandeur d'un sujet à traiter.

2

Ceux des modernes qui ont fait des descriptions plus ou moins exactes du Cèdre, ont assuré qu'il se plaît dans les lieux froids et les montagnes et qu'il ne tarde pas à mourir si on lui taille la cime. Ils ajoutent, que le Cèdre toujours vert a une écorce polie, lissée et sans mousse, excepté à la partie qui touche au sol et aux premières branches qui environnent l'arbre.

Ces branches poussent par certains intervalles, toujours en diminuant jusqu'au haut de l'arbre, de sorte qu'elles affectent la forme pyramidale. Ses feuilles sont semblables à celles du pin ou du mélèse, mais plus courts et ne sont point piquants.

Bruyn, dans son livre intitulé *Voyage en terre sainte*, dit que les feuilles des Cèdres du Liban qu'il alla voir sont pareilles à celles du romarin ; que les petites feuilles qui sont adhérentes aux branches montent et que le fruit pend en bas. Ce fruit est analogue à la pomme des pesses, mais il est plus long, plus dur et plus difficile à détacher. Il contient une graine semblable à celle des cyprès et produit une résine grasse, épaisse, transparente, d'une odeur très forte et tombant goutte à goutte. Les Arabes l'appellent *hitran.*

Faut-il remonter aux temps bibliques pour l'étymologie de ce mot? Nous n'irons pas jusques-là; nous rappellerons néanmoins que le roi Salomon donna, d'après les Ecritures, plusieurs villes au roi Hiram, en échange des Cèdres que ce prince lui avait envoyés pour bâtir le temple de Jérusalem.

Dans nos temps modernes, selon Herrèra, Fernand Cortès fit construire un palais à Mexico dans lequel on comptait 7,000 poutres de Cèdres, la plupart ayant 120 pieds de long et 12 de circonférence.

On a vu pendant longtemps, dans l'île de Chypre, un Cèdre qui avait 130 pieds de long et dont le tronc était si gros que trois hommes avaient de la peine à l'embrasser. Démétrius le fit abattre et s'en servit pour la construction d'une galère.

Si l'on consulte maintenant les étymologistes les plus célèbres, il est positif que le mot Cèdre vient du grec *Kedros* qui correspond aux mots latins *suave olens.* Le Cèdre brûlé rend en effet une odeur suave.

Pour terminer ces quelques notions historiques sur le Cèdre du Liban, j'emprunterai au grand Dictionnaire de Trévoux les indications suivantes :

« On dit proverbialement : depuis le Cèdre jusqu'à l'hysope, pour dire, depuis le plus grand jusqu'au petit. Cette phrase est prise de l'écriture, livre des Rois IV-35 où il est dit que Salomon avait écrit sur les arbres depuis le Cèdre qui est sur le mont Liban jusqu'à l'hysope qui sort d'une masure. On dit aussi dans le même style de l'Écriture Sainte, les Cèdres du Liban pour signifier les grands, les puissants du siècle, les orgueilleux.

» On a donné pour devise à un collége célèbre un Cèdre chargé de fleurs et de fruits avec ce vers du Tasse : *Mentre che spunta l'un l'altro matura.*

» Il est, je crois, assez inutile de dire que la *Cedrie* est une résine qui sort du

Cèdre, liqueur épaisse, transparente, d'une odeur forte, et telle qu'en la versant, elle ne coule pas trop rapidement; mais qu'elle tombe goutte à goutte, on lui suppose deux qualités opposées. On croit qu'elle conserve les corps morts parce qu'elle en consume les humeurs et qu'elle putréfie les chairs molles et délicates des corps vivants, sans qu'on en souffre aucune douleur, ce qui vient sans doute de la chaleur des corps vivants qui donne quelque agitation à cette résine et en augmente la force. »

Nous terminons là ce rapide aperçu qui sert à montrer l'importance végétale de mon sujet et je me hâte de reprendre mon récit interrompu par cette utile digression.

Mon Cèdre du Liban était entré, comme je l'ai dit, sur la voie publique le 27 mars, et pour franchir la distance qui sépare l'École Vétérinaire du jardin Massatet, j'avais été dans la nécessité de construire un plancher mobile à cause du mauvais état du chemin qui ressemblait à une sorte de fondrière.

Du 29 mars au 7 avril, l'arbre fit une halte forcée à la tête du pont de l'École Vétérinaire.

Les difficultés qui s'opposaient à son passage sur le pont n'étaient pas encore levées, je fus donc obligé d'attendre.

Ce ne fut que le 7 avril que nous nous remîmes en marche. Dès 8 heures 1[2 du matin notre magnifique Cèdre au sommet orné d'une magnifique flamme tricolore, entra sur le pont et la traversée eut lieu sans encombre en 1 heure 40 minutes. L'arbre ne stationna que 20 minutes sur le pont.

C'est maintenant que je dois dire un mot de mon système de traction qui a étonné tant de personnes.

Mon système est des plus simples et peut rendre, je crois, des services signa-lés soit à l'industrie, soit à l'horticulture, parce qu'il résout à peu de frais le problème de la locomotion des grandes masses, en dehors d'un matériel dispendieux qui peut souvent n'être pas en rapport avec les objets à transporter. Mais la simplification à laquelle je suis parvenu n'exclut pas certaines combinaisons dont je dois compte à nos lecteurs.

Dans son introduction à la *Mécanique industrielle*, M. Poncelet, qui fait autorité en ces matières, a dit excellemment : « Travailler c'est vaincre ou détruire pour le besoin desarts, des résistances telles que la force d'adhérence des molécul e sdes corps, la force des ressorts, celle de la pesanteur, l'inertie de la matière. User, polir un corps par le frottement, le diviser en parties, élever, traîner des fardeaux, traîner une voiture le long des chemins, bander un ressort, lancer des pierres, des boulets, etc., c'est travailler, c'est vaincre pendant un certain temps des résistances sans cesse renouvelées, dans la durée de ce temps. »

Notre illustre physicien Coulomb et M. le capitaine Morin, qui se sont occupés de la résistance connue sous le nom de frottement, en ont, comme on sait, découvert les lois, à la suite de longues expériences.

Disons d'abord qu'on distingue le frottement de glissement ou de première espèce semblable à celui du traîneau qui porte sur la glace ou sur la neige par des patins et le frottement de roulement ou de seconde espèce qui a lieu dans le mouvement d'une voiture roulant sur une chaussée.

C'est par la combinaison de ces deux frottements, que je suis parvenu à trouver un mode de traction exceptionnel dont j'aurai à parler ci-après.

Le frottement de glissement, ainsi que le dit M. le capitaine Morin dans son *Aide-Mémoire de mécanique pratique*, entre tous les corps employés dans les machines et dans les constructions, sous des pressions comparables à celles qui ont lieu dans la pratique, a été trouvé : 1° indépendant de la vitesse du mouvement ;

2° Indépendant de l'étendue de la surface de contact ;

3° Proportionnel à la pression dans un rapport constant, pour les mêmes corps, dans le même état, et variable d'un corps à l'autre, ces lois étant également applicables au glissement pendant le choc des corps.

A l'aide de ces données, je pouvais me rendre compte des difficultés que j'avais à vaincre et de l'excellence de mon système dont l'application a parfaitement répondu à mon attente. C'est ici le lieu de dire en quoi consiste mon système de traction qui a été l'instrument d'un véritable succès et à l'aide duquel j'ai réussi au-delà de mes désirs à transporter le Cèdre au jardin du palais du maréchal.

Ainsi qu'on le verra, dans le plan ci-joint, j'avais adapté sous le plancher en chêne A, des rails Brunel, tournés sens dessus dessous, de manière à faciliter le roulement. Quatre énormes rouleaux de fer ayant 0 m. 11 c. de diamètre étaient parallèlement disposés sous la motte du Cèdre et en contact avec les rails Brunel et avec les rails Barlow R, placés comme sur les voies ferrées et devant simplifier le roulement des rouleaux pour le transport de notre cèdre.

Le problème du frottement étant pour moi résolu, j'avais obtenu une telle économie de force, que je n'avais pas besoin d'un appareil considérable comme moteur;

un mouffle et un seul cheval devait me suffire, et c'est ce qui a eu lieu en réalité.

Mais ce qui ne laisse pas que d'ajouter singulièrement au mérite de mon procédé, c'est qu'avec les moyens que je viens d'indiquer, la traction s'est opérée sur des rampes à plusieurs degrés. La plus forte de ces rampes était située à l'extrémité du pont du chemin de fer pour descendre à l'écluse Bayard, en passant devant la gare; cette rampe, ainsi qu'on peut le voir dans le profil en long, est de 0,0431 et dans un rayon de 97 degrés; plus loin enfin, c'est-à-dire au lieu même de sa destination, on a tourné dans un angle de 90 degrés.

Je crois devoir signaler ces indications aux esprits compétents, pour montrer quelles résistances il a fallu vaincre en appliquant mon système de traction.

Je reprends à présent mon récit.

Mon appareil fonctionnant, ainsi que je viens de le dire, avec un mouffle, avec un seul cheval et avec le concours de six hommes, le Cèdre arriva heureusement sur le pont de l'écluse Bayard le 10 avril.

En quatre jours, nous eumes franchi la distance entre ce pont et l'avenue Louis-Napoléon, et le 14 avril, cet arbre magnifique dressant sa tige majestueuse venait stationner sur l'axe des allées Louis-Napoléon, à quelques pas du théâtre des Variétés. C'était un samedi soir.

Les journaux de la localité, l'*Aigle*, le *Journal de Toulouse*, la *Publicité*, le *Moniteur Méridional*, etc., avaient fait grand bruit du transport de ce Cèdre immense, et la population tout entière s'était portée sur son passage. Chacun avait applaudi à la réussite d'une entreprise dont on n'avait pas de prime abord entrevu les difficultés, et j'étais pour ainsi dire récompensé au-delà de mes espérances.

Afin que ceux qui par leurs efforts avaient contribué à mon succès pussent dignement partager ma satisfaction, je résolus de leur donner un festival, selon l'usage du pays, et cela le lendemain dimanche, dans l'après-midi. Mais pour que la fête fût plus complète et eût un caractère tout-à-fait en harmonie avec l'œuvre que nous venions d'accomplir, je fis a n noncer par les journaux de Toulouse que le festival aurait lieu sur la motte du Cèdre, disposée à cet effet, dans une circonférence pouvant contenir soixante-cinq ouvriers.

Un banquet préparé par les soins de M. Chaubard, l'un des Vatels toulousains, fut donc servi sur la motte du Cèdre à mes soixante-cinq invités, aux accords d'une musique rustique alternant avec les joyeux chants des convives et les toasts pleins d'allégresse qui étaient portés.

Une affluence immense de spectateurs accourus de tous les points de la cité d'Isaure assistaient, dans l'après-midi, à ce festival extraordinaire, sans exemple dans les annales de Toulouse.

La plus franche gaîté ne cessa de présider à cette fête unique en son genre, et je suis heureux d'ajouter qu'aucun incident n'en vint troubler l'harmonie. Tout se passa avec ordre, décence et sous les auspices de la plus charmante confraternité. Cette petite solennité sur la motte du grand Cèdre fut, pour ainsi parler, le baptême de gloire de ce bel arbre aux ap-

plaudissements de la population , et fut
pour moi comme la consécration et la
sanction populaire de mon système dont
tout le monde avait suivi les phases avec
un visible intérêt.

Dans la journée du 16, nous n'avons
pas continué notre marche ; mais vers dix
heures du soir, voulant regagner le temps
perdu, nous avons repris nos travaux, les
rouleaux de fer ont de nouveau fonc-
tionnné ; le mouffle a rempli son office,
mes ouvriers ont fait leur devoir et le cheval a traîné son fardeau. On a ainsi tra-
vaillé jusqu'à quatre heures du matin, en
avançant pas à pas le long du boulevard
St-Aubin.

La journée du 17 et celle du 18 ont été
consacrées à la même opération et nous
sommes enfin parvenus à l'ancien champ
de foire.

Une douloureuse circonstance, un de
ces événements imprévus qui ne peuvent
survenir qu'une fois dans la vie d'un
homme, un trépas inattendu, celui de ma
pauvre mère, ont forcément mis obstacle

le lendemain à la continuation de ces travaux.

Ayant payé le tribut de la piété filiale, j'ordonnai à mes ouvriers , dans la journée du 20, de poursuivre l'opération, et dès le 26 j'avais la satisfaction de voir arriver le Cèdre du Liban au lieu de sa destination.

Le Palais de son Exc. le Maréchal Niel, l'un de nos plus beaux édifices toulousains, situé, comme on sait , en face du Grand-Rond, se dressait devant nous dans sa splendide majesté.

Il ne m'appartient pas d'en louer ici l'architecture savante , les magnifiques sculptures dues à l'habile ciseau d'un artiste d'élite de notre statuaire Azibert dont tous les publicistes du Midi ont à l'envi célébré le talent si remarquable. Mais ce que je puis dire, en connaissance de cause, c'est que par son ornementation, le jardin du palais du Maréchal est en harmonie avec les richesses végétales qui l'environnent.

Tout le monde connaît le nouveau Jardin Royal, si pittoresque, si artistement dessiné ; la promenade ombragée du Grand-Rond, les superbes allées qui y conduisent des flots de visiteurs ; je n'ai donc pas à m'étendre plus longuement à ce sujet.

Un pan de mur du jardin du Palais ayant été abattu pour nous livrer passage, le Cèdre fit alors son entrée dans la cour d'honneur, d'où il fut bientôt, par nos soins, déposé dans l'excavation qui lui avait été préparée. La transplantation s'opéra sans la moindre difficulté. Les racines, qui avaient été délicatement repliées, reprirent leur position naturelle et notre Cèdre, objet de tant de sollicitude, se trouva presque subitement en place, et déploya son large branchage avec la même vigueur que s'il eût pris naissance sur ces lieux mêmes où nous venions de le transporter. Je n'ai pas besoin d'ajouter, puisque toute la cité Palladienne peut me rendre ce témoignage, que loin d'avoir souffert le moindre dommage, cet arbre élève majestueusement sa pyramide et qu'il est plein de force, de sève et de vitalité.

En résumé, nos travaux d'extraction au jardin Massatet, près de la gare, ont commencé le 5 mars et cette opération a duré 13 jours. Le 2 mai, tout était largement terminé au Palais du Maréchal.

L'itinéraire que nous avons suivi a sans doute un peu découragé mes calculs ; mais ainsi qu'on l'a vu par l'extrait de ma correspondance, je n'étais pas libre de le changer. En somme, notre parcours total a été de 2,529 mètres 55, et ce voyage s'est accompli en 17 jours, avec les moyens de traction que j'ai indiqués.

Le succès que j'ai obtenu devant mes concitoyens, m'autorise à penser que ce mode de traction pourrait rendre d'éminents services, non-seulement pour la plantation des grands arbres, mais aussi pour les poids les plus considérables qu'on aurait à transporter dans nos campagnes.

L'expérience que j'ai faite est la meilleure sanction de mes paroles.

Les difficultés de terrains peuvent être aisément aplanies, puisque je n'ai pas été arrêté moi-même par des obstacles de cette nature et que les courbes et les rampes n'ont pas interrompu la marche de notre Cèdre. N'ai-je pas dit déjà qu'au Palais du Maréchal, un angle droit n'a pas suspendu l'application de mon système de traction? Cela en dit assez pour ceux de mes lecteurs qui sont familiarisés avec ces matières et qui savent se rendre compte des difficultés d'une telle opération.

A ceux de mes lecteurs qui avouent leur incompétence et que la longueur de notre trajet a moins effrayés que le temps employé à l'accomplir, je déclarerai simplement que si la Compagnie du chemin de fer du Midi ne m'avait pas forcé de stationner huit jours devant l'Ecole Vétérinaire, j'aurais assurément rempli ma tâche avec une plus grande célérité.

Pour signaler jusqu'au bout au surplus les avantages de mon système, il est, je crois, utile de faire connaître au public le chiffre de la dépense occasionnée par l'extraction et le transport du Cèdre du Liban.

L'extraction, jusqu'au niveau du terrain naturel, a coûté 258 fr. ci. 258ᶠ 00

Les frais de plantation ont coûté. 78 25

Le matériel, achat ou location. 244 65

Frais de traction et de transport. 563 25

Total. . . 1,144ᶠ 25

A déduire la valeur du matériel restant, évalué à. 144 00

Dépense nette. . . 1,000ᶠ 00

Je ne mentionne que pour mémoire les frais du festival qui se sont élevés à 235 fr. ; ce qui est plus important selon moi, c'est de signaler ce fait que le mètre courant du parcours a coûté 0 fr. 22 centimes 27 millièmes, soit 22 fr. 27 centimes les 100 mètres.

Après avoir montré par des preuves irrécusables les avantages que l'on doit retirer de mon système de traction qui peut rendre au pays de véritables ser-

vices, si l'on suit à la lettre les indications que je viens de transmettre, je ne
terminerai pas cette brochure où j'ai con-
signé date par date et jour par jour les
diverses phases de mon opération, je ne
terminerai pas, dis-je, sans adresser mes
plus sincères remercîments à l'Administration municipale, à la compagnie du
Midi et à l'Autorité préfectorale qui ont
bien voulu me favoriser dans l'accom-
plissement de mon projet et en faciliter
l'exécution.

A l'éclat de ces sympathies, je suis
heureux de joindre celles que j'ai reçues
tout récemment de la Société d'Horticulture, dont je fais partie. En transcri-
vant ici un extrait du procès-verbal de
sa dernière séance, je crois rendre hommage aux lumières de cette société savante en m'honorant du résultat de sa
délibération.

M. DEMOUILLES

Horticulteur.

(Extrait du procès-verbal de la séance mensuelle de la Société d'Horticulture de la Haute-Garonne du 6 mai 1866).

M. Demouilles a la parole :

« Messieurs, dans la dernière séance vous avez bien voulu accueillir favorablement quelques renseignements que j'ai eu l'honneur de communiquer à la Société, sur l'extraction du Cèdre du Liban que je destine au jardin du Palais du Maréchal.

» Quelques membres de notre bureau, sur mon invitation, ont bien voulu suivre de près les diverses phases de cette opération. Je les en remercie cordialement et j'ai cru qu'il était de mon devoir, après cette marque de sympathie qu'a bien voulu me donner la Société d'horticulture, aujourd'hui que mon travail est arrivé à bonne fin, j'ai cru, dis-je, devoir lui exposer 1° le mode que j'ai employé pour l'extraction et la traction de cet arbre; 2° l'économie que présente ce système comparé à ceux en usage qui réclament un outillage spécial que l'on ne peut trouver que

dans certaines localités exceptionnelles;
pour faciliter la compréhension de ces
travaux, j'ai fait dresser un plan que je dé-
pose sur votre bureau.

» Le Cèdre que j'avais à transporter
était placé dans un jardin , au-delà de la
Gare . dans un terrain trèe-meuble par
suite des nombreux arrachages qui avaient
été faits.

» Il est âgé de 30 ans ; il a 8^{m}50 de
hauteur et sur 20 de circonférence à la
base. Sa motte a 4^{m}20 de diamètre , les
racines extérieures à la motte et que j'ai
fait conserver et garnir de paille , dépas-
sent la circonférence de 1^{m}40. Ces mêmes
racines , développées au moment de la
mise en place , ont été trouvées dans un
parfait état de conservation ; le poids de
cette motte , au moment de l'extraction ,
variait de 34 à 35 mille kilogrammes. Le
parcours à partir du jardin où a été arra-
ché l'arbre , jusqu'au palais du Maréchal ,
représente une distance de 2,529^{m}55. La
motte , après avoir été douvée et serrée
par des cercles en fer , par des chaînes et
des câbles , a été munie en dessous d'un

plancher soutenu par deux grosses poutrelles. Le tout a été soulevé par quatre puissants vérins et maintenu par un système de cale. La traction a été faite sur des rails Barlow, placés et relevés à mesure que l'on avançait. Sur ces rails glissait la motte au moyen de quatre rouleaux en fer placés et relevés à leur tour et roulant eux-mêmes entre les rails Barlow placés sur le sol et les rails Brunel appliqués au-dessus des poutrelles. Par ce procédé aussi simple qu'économique, je suis parvenu à suivre un parcours de 2,529^m 55 ^{c} avec un poids de 40 tonnes, les arrosages étant évalués à 6 tonnes, à travers des terrains extrêmement meubles, dans les points de départ et d'arrivée où tout système de traction sur des roues était impossible et par des rampes de 5 centimètres par mètre et avec des coudes dont quelques-uns atteignent 90 degrés. Le temps employé pour cette opération, en ne tenant pas compte des poses forcées provenant de diverses causes indépendantes de ma volonté et du travail lui-même, peut être évalué à 17 jours. Il est vrai de dire que par le système habituellement usité, qui est la traction sur des roues, le travail aurait pu peut-être s'exécuter dans un temps moins long ; mais cette opération, au lieu de coûter 1,000 francs tous frais compris, serait revenue à une somme beaucoup plus considérable, comme l'on peut s'en convaincre, en se renseignant sur ce que coûte chaque jour à Paris le déplacement d'arbres peut-être moins lourds fait dans les conditions d'un outillage spécial et en se rappelant que le transport du Magnolia du Jardin des Plantes de Bordeaux, a coûté pour un parcours de 2,000 mètres environ la somme énorme de 30,000 fr. En dehors de l'économie, le mode que j'ai employé a encore l'avantage de pouvoir être appliqué, dans toutes les localités à proximité d'une gare de chemin de fer où il est facile de trouver quelques rails et des vérins, tandis qu'en employant le mode de traction sur des roues, il faut avoir recours à des entrepreneurs spéciaux qu'on ne trouve que dans les plus grands centres. J'ajouterai que la motte du Cèdre a été rendue à sa destination , dans un parfait état de conservation et sans la moindre fissure. Les racines extérieures à la motte étaient parfaitement conservées et nous ne doutons pas de la reprise de ce Cèdre dont les branches sont aujourd'hui en pleine végétation.

» M. le Président, au nom de la Société d'Horticulture , remercie M. Demouilles de son intéressante communication et le félicite d'avoir été le premier à entreprendre , dans notre ville , un travail de cette nature, dont la réalisation pouvait offrir de grandes difficultés , à cause de la mobilité d'une partie des terrains à parcourir et du manque complet d'outillage ; auquel M. Demouilles a parfaitement suppléé , tout en restant dans la plus stricte économie. »

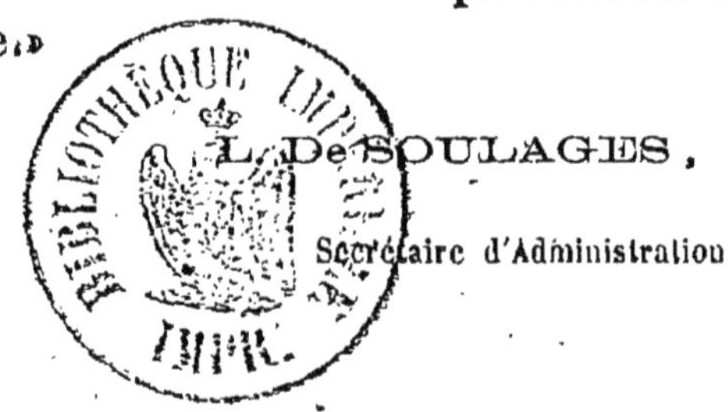

L. De SOULAGES ,

Secrétaire d'Administration.

Imprimerie P. SAVY, allées Louis-Napoléon, 10 bis.

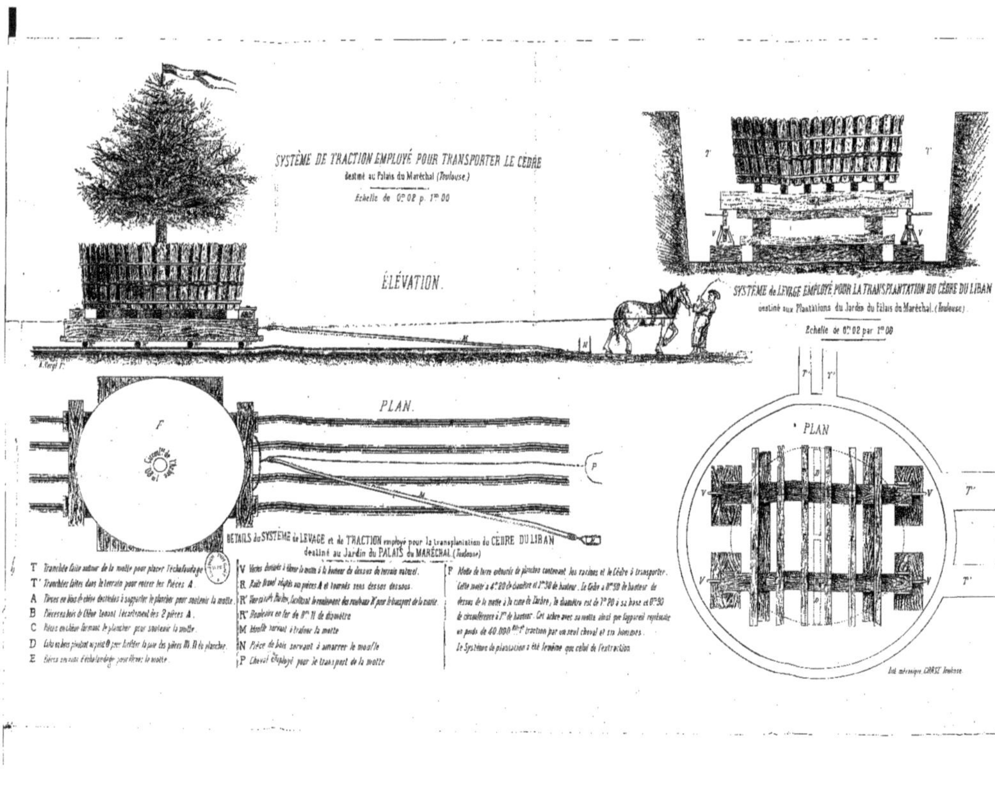

SYSTÈME DE TRACTION EMPLOYÉ POUR TRANSPORTER LE CÈDRE
destiné au Palais du Maréchal (Toulouse.)
Echelle de 0,02 p. 1,00
ÉLÉVATION.
SYSTÈME de LEVAGE EMPLOYÉ POUR LA TRANSPLANTATION DU CÈDRE DU LIBAN
destiné aux Plantations du Jardin du Palais du Maréchal. (Toulouse).
Echelle de 0,02 par 1,00
PLAN.
PLAN
DÉTAILS du SYSTÈME de LEVAGE et de TRACTION employé pour la transplantation du CÈDRE DU LIBAN
destiné au Jardin du PALAIS du MARÉCHAL. (Toulouse)
T   Tranchée faite autour de la motte pour placer l'échafaudage
T' Tranchées faites dans le terrain pour entrer les Pièces A.
A   Pièces en bois de chêne destinées à supporter le plancher pour soutenir la motte.
B   Pièces en bois de Chêne tenant l'écartement des 2 pièces A.
C   Pièces en chêne formant le plancher pour soutenir la motte.
D   Cales en bois pivotant au point O pour faciliter la pose des pièces M. N. du plancher.
E   Pièces en cas d'échafaudage pour élever la motte.
V   Vérins destinés à élever la motte à la hauteur du dessus du terrain naturel.
R   Rails placés sous pièces A et tournés sens dessus dessous.
R' Vis sans fin boulon, facilitant le roulement des rouleaux R" pour le transport de la motte.
R" Rouleaux en fer de 0,11 de diamètre.
M   Moufle servant à traîner la motte
N   Pièce de bois servant à amarrer le moufle
P   Cheval employé pour le transport de la motte
P   Motte de terre entourée de planches contenant les racines et le Cèdre à transporter. Cette motte a 4,20 de diamètre et 1,30 de hauteur. Le Cèdre a 8,50 de hauteur du dessus de la motte à la cime de l'arbre, le diamètre est de 1,20 à sa base et 0,90 de circonférence à 1" de hauteur. Cet arbre avec sa motte ainsi que l'appareil représente un poids de 40.000 kilos. traction par un seul cheval et six hommes. Le Système de plantation a été le même que celui de l'extraction
Lith. mécanique CABASI Toulouse.

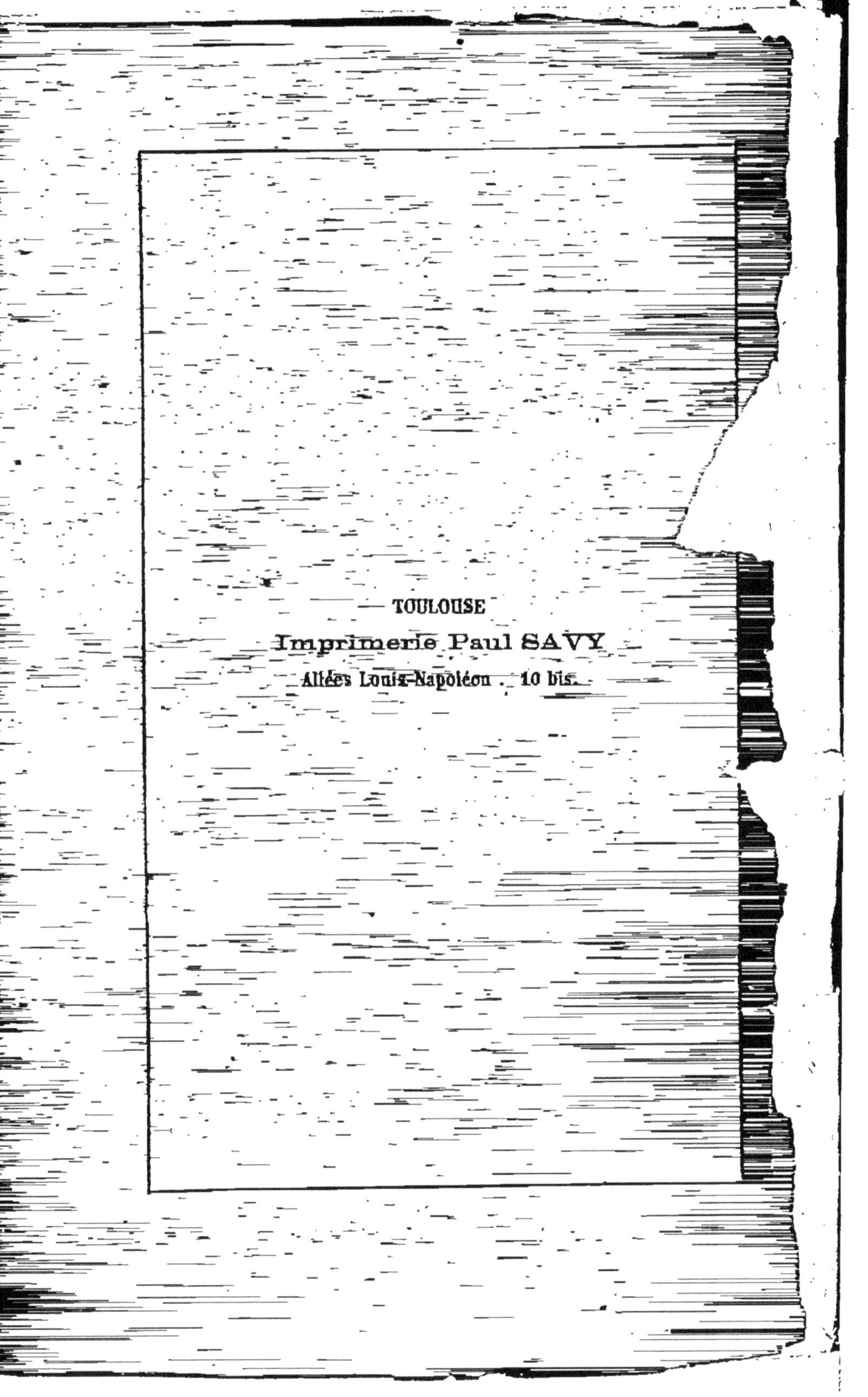

TOULOUSE

Imprimerie Paul SAVY

Allées Louis-Napoléon, 10 bis.

www.ingramcontent.com/pod-product-compliance
Ingram Content Group UK Ltd.
Pitfield, Milton Keynes, MK11 3LW, UK
UKHW020037100726
13658UKWH00003B/1372